coleção
Planeta Saudável

energia

Lucília Garcez e Cristina Garcez

callis

1ª edição, 2010

Coordenação editorial: Miriam Gabbai
Revisão: Ana Paula Santos e Leandra Trindade
Projeto gráfico, diagramação, pesquisa iconográfica e ilustrações: Rawiski Comunicação

CIP-BRASIL. CATALOGAÇÃO-NA-FONTE
SINDICATO NACIONAL DOS EDITORES DE LIVROS, RJ

G197e

Garcez, Lucília
Energia / Lucília Garcez e Cristina Garcez. [ilustrações Rawiski Comunicações] - 1.ed. - São Paulo : Callis Ed., 2010.
-(Planeta saudável)

ISBN 978-85-7416-427-4

1. Meio ambiente - Literatura infantojuvenil. 2. Energia - Literatura infantojuvenil. 3. Literatura infantojuvenil brasileira. I. Garcez, Cristina. II. Título. III. Série.

10-3035. CDD: 574.5
CDU: 504.06
29.06.10 09.07.10 020066

ISBN 978-85-7416-427-4

Impresso no Brasil

2010
Callis Editora Ltda.
Rua Oscar Freire, 379, 6º andar • 01426-001 • São Paulo • SP
Tel.: (11) 3068-5600 • Fax: (11) 3088-3133
www.callis.com.br • vendas@callis.com.br

Agradecemos ao Professor João Nildo de Souza Vianna, da Universidade de Brasília, pela leitura atenta e pelas sugestões.

Sumário

Imagine uma propriedade rural onde ainda não há energia elétrica nem gás. O fogão funciona a partir da queima da lenha, e assim se consegue água quente para o banho. À noite, a iluminação é feita à luz de lampiões ou lamparinas de querosene (combustível fóssil não renovável). Os trabalhos usam energia humana: cortar, ralar e triturar alimentos, bater bolo, espremer frutas, lavar a louça, lavar a roupa, lavrar a terra, plantar, colher, carregar, armazenar. Alguns serviços, como tirar a palha do arroz, usam a energia da água de um monjolo, outros utilizam a energia dos ventos de um moinho. A roupa é passada com ferro aquecido por brasas. Os alimentos são mantidos sem refrigeração e as carnes, já cozidas, conservadas dentro de vasilhas com gordura animal. Não há telefone, computador, televisão, rádio, ventilador. O transporte de pessoas e de cargas é feito por carros movidos por bois ou carroças movidas por cavalos. Até há pouco tempo a zona rural do Brasil era assim e ainda devem existir comunidades que vivem desta forma, de maneira muito simples.

Mas, no nosso mundo urbano moderno, somos dependentes das fontes de energia. Precisamos de energia elétrica para iluminar nossas casas e locais de trabalho, para fazer funcionar nossos eletrodomésticos que substituem a energia humana: liquidificadores, batedeiras, espremedores de frutas, sanduicheiras, máquinas de lavar roupas, máquinas de lavar louças, máquinas de secar roupas, ventiladores e os aparelhos que facilitam nossa vida e nossa comunicação: geladeiras, chuveiros, rádios, TVs, computadores, aparelhos de ar-condicionado, aparelhos de som, telefones sem fio, porteiros eletrônicos, alarmes, elevadores. Precisamos de gás ou de eletricidade para cozinhar os alimentos e de combustível para movimentar os aviões, automóveis, ônibus e caminhões. Mesmo nossos pequenos celulares e *i-phones* necessitam de baterias para funcionar. As fábricas precisam de energia para produzir. Os cinemas, as lojas, os bancos, os escritórios, os restaurantes, as escolas, as igrejas, os hospitais, os shoppings e os teatros precisam de energia elétrica. Tudo é movido à energia.

Vamos, então, compreender como esta energia é produzida, distribuída e utilizada, e qual é nosso papel para economizar energia.

ENERGIA RENOVÁVEL

As fontes de energia são divididas em renováveis (solar, hidráulica, eólica) e não renováveis (carvão mineral, petróleo, gás natural, urânio).

As fontes renováveis são aquelas que existem de forma infinita na natureza: a água, o Sol, os ventos. As fontes não renováveis são aquelas que estão na natureza de forma finita e podem se esgotar, como os combustíveis fósseis. Diferente das energias fósseis, que estão armazenadas nas suas jazidas, as energias renováveis são energias de fluxo. Elas dependem da distribuição espacial (onde estão disponíveis), da distribuição temporal (sazonalidade), das características técnicas para seu aproveitamento e do seu desempenho econômico.

Chamamos de matriz energética o conjunto de fontes de energia utilizado por um país. No Brasil, 46% de sua matriz energética explora fontes renováveis.

ENERGIA SOLAR

A principal fonte de energia da natureza é o Sol. Há aproveitamento da energia solar de forma direta por meio da iluminação natural e do calor produzido pela luz do Sol. Os arquitetos planejam os edifícios para utilizar essa energia de forma passiva.

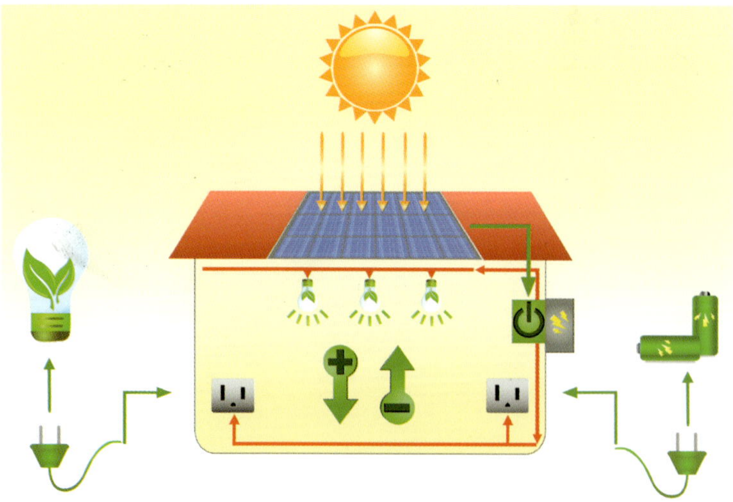

A radiação solar é também captada e transformada para gerar calor ou eletricidade. Cerca de 30% da radiação solar é refletida de volta para o espaço, 50% é absorvida pela atmosfera, pela superfície terrestre e pelos oceanos e convertida em calor. E os 20% restantes participam dos ciclos de evaporação, precipitação e circulação da água. Resta uma pequena fração causadora dos ventos e das ondas do mar, e resta uma fração ainda menor que se incorpora à biomassa do Planeta pelo processo de fotossíntese que acontece nas folhas verdes das plantas.

O Sol também pode ser usado para aquecer a água nas nossas casas e empresas. As placas solares são colocadas nos telhados das casas e nos prédios de forma que fiquem expostas ao Sol. Este sistema aquece a água existente nos canos debaixo da placa solar. Atualmente, as vendas das placas solares têm aumentado. Os sistemas solares aquecem água para casas, hotéis, edifícios, restaurantes, clubes, hospitais e até para piscinas.

A energia solar também pode ser usada para produzir eletricidade. Podemos transformar a luz do Sol diretamente em eletricidade usando células fotovoltaicas feitas de silício. Quando a pequena célula solar fica exposta ao Sol, os elétrons libertam-se do seu núcleo, deslocando-se. Eles se movem para a superfície da placa solar. As duas extremidades da célula solar estão ligadas por um fio condutor elétrico; assim, o movimento dos elétrons gera uma corrente elétrica. A energia elétrica da célula solar pode, então, ser usada diretamente nas máquinas de calcular ou para carregar uma bateria, por exemplo. É a geração de energia fotovoltaica. Esta forma de energia serve para bombeamento de água, irrigação, iluminação pública, estações de telefonia, eletrificação de cercas, produção de gelo, dessalinização da água e atendimento de energia elétrica domiciliar, principalmente em comunidades mais isoladas das regiões Norte e Nordeste do Brasil.

A energia solar é importante na preservação do meio ambiente, pois tem muitas vantagens sobre as outras formas de obtenção de energia, tais como:

- não é poluente;
- não influi no efeito estufa;
- não precisa de turbinas ou geradores para a produção de energia elétrica;
- para cada metro quadrado de coletor solar instalado, evita-se a inundação de 56 metros quadrados de terras férteis na construção de novas usinas hidrelétricas.

Entretanto, tem como desvantagem o custo da célula fotovoltaica que ainda é alto quando comparado com outras formas de energia, o que exige altos investimentos para o aproveitamento da energia do Sol.

A energia hidrelétrica

Os rios correm para o mar. O movimento ou a queda da água contém energia cinética ou mecânica, que pode ser aproveitada como fonte de energia elétrica.

Durante centenas de anos, o movimento da água foi usado diretamente nos moinhos. A passagem da água fazia mover as pás de madeira ligadas a uma mó (pedra granítica redonda muito pesada), fazendo-a rodar e moer os grãos de milho, transformando-os em farinha.

Atualmente, a corrente da água é usada para produzir energia elétrica. A maior parte da energia elétrica disponível no Brasil é proveniente de grandes usinas hidrelétricas construídas em grandes rios.

Consegue-se energia elétrica convertendo-se a energia potencial gravitacional da água contida numa represa elevada em energia cinética, que é transformada em rotação, por meio de uma turbina. Esta consiste basicamente em uma roda dotada de pás, que gira por causa da passagem da massa de água. O gerador converte o movimento rotatório da turbina em energia elétrica. A água captada no lago formado pela barragem é conduzida até a casa de força por canais ou condutos metálicos. Após passar pela turbina hidráulica, na casa de força, a água é restituída ao leito natural do rio, através do canal de fuga.

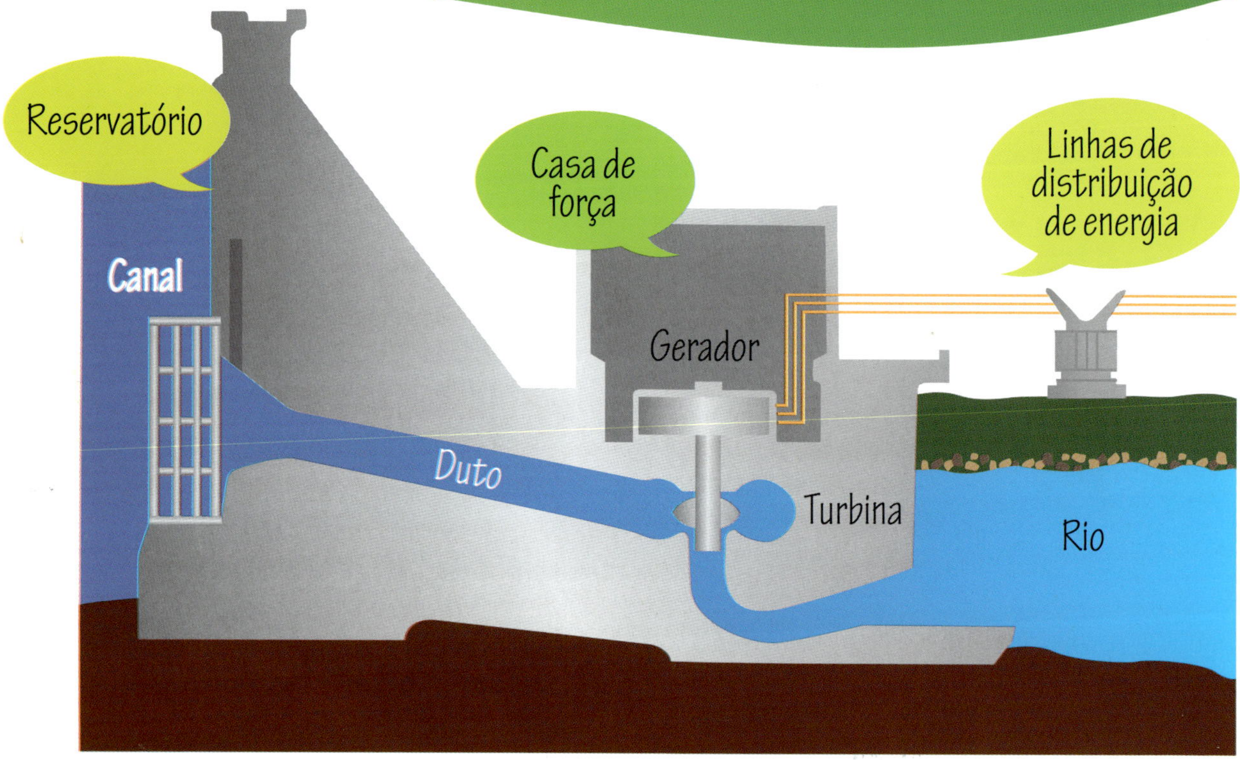

Para utilizar a potência de um rio, é construída uma represa que permite controlar a vazão da água de forma contínua, tanto no período das chuvas quanto no período das secas. As represas são obras complexas de engenharia que têm como objetivo armazenar a água de um rio e formar um reservatório, como um lago, de modo que a força da gravidade com que a água escoa para voltar ao leito do rio seja suficiente para movimentar as turbinas que produzem energia elétrica no gerador. A energia elétrica produzida é distribuída por meio de linhas de transmissão.

Uma usina hidrelétrica é composta pelas seguintes partes:

- barragem;
- sistemas de captação e adução de água;
- casa de força;
- sistema de restituição de água ao leito natural do rio.

A construção de usinas hidrelétricas apresenta aspectos positivos e negativos.

POSITIVOS

• A maior vantagem das usinas hidrelétricas é a transformação limpa do recurso energético natural. Não há resíduos poluentes.

• Depois do investimento inicial, há baixo custo na geração de energia.

• Além da geração de energia elétrica, o aproveitamento hidrelétrico proporciona outros usos, tais como: irrigação, navegação, pesca e controle de cheias e de secas.

• A formação de represas proporciona o crescimento do turismo na região.

• A água é o recurso renovável mais importante da humanidade. Acumular água é acumular riqueza natural.

NEGATIVOS

Os aspectos negativos mais significativos decorrem da má escolha do local de construção da barragem. Se esta escolha não for bem-feita pode levar a impactos altamente negativos, como:

• Causa impacto às populações indígenas e populações tradicionais, que terão suas terras inundadas.

• O alagamento pode afetar pequenas cidades e provocar destruição da fauna e da flora.

• Abaixo da barragem, durante o período de formação do lago, vai passar apenas um fio de água no leito do rio. A parte seca poderá se tornar um deserto.

• Os peixes são prejudicados principalmente na piracema (quando nadam contra a correnteza para desovar), pois a construção das barragens os impede de subir o rio, quando não são tomadas as medidas técnicas de redução desses efeitos.

• Surgem mudanças no clima local.

• Há aumento da erosão e perda de terras férteis.

• Há perdas de grandes quantidades de água por evaporação.

• Há deslocamento de populações.

• Pode provocar distorções econômicas e sociais locais devido à grande demanda de mão de obra durante o período de construção.

A maior usina hidrelétrica em atividade do mundo é a binacional Itaipu que pertence ao Brasil e ao Paraguai. No ano de 2008, a usina atingiu o seu recorde de produção, com 94,68 bilhões de quilowatts-hora (kWh), fornecendo 90% da energia consumida pelo Paraguai e 19% da energia consumida pelo Brasil.

Principais hidrelétricas do Brasil

usina	localização	capacidade (MW)
	Região Norte	
Tucuruí	Rio Tocantins	3.980
Balbina	Rio Uatumã	250
	Região Nordeste	
Paulo Afonso	Rio São Francisco	2.460
Sobradinho	Rio São Francisco	1.050
Moxotó	Rio São Francisco	439,2
Itaparica	Rio São Francisco	1.500
Xingó	Rio São Francisco	3.000
	Região Sudeste	
São Simão	Rio Paranaíba	1.715
Nova Ponte	Rio Araguari	510
Água Vermelha	Rio Grande	1.380
Três Irmãos	Rio Tietê	808
Emborcação	Rio Paranaíba	1.192
Ilha Solteira	Rio Paraná	3.230
Porto Primavera	Rio Paraná	1.854
Jaguara	Rio Grande	425,6
Três Marias	Rio São Francisco	387,6
	Região Sul	
Foz do Areia	Rio Iguaçu	2.511
Capivara	Rio Paranapanema	640
Itaipu	Rio Paraná	12.600
Parigot de Souza	Rio Capivari	246,96
Itaúba	Rio Jacuí	625
Salto Osório	Rio Iguaçu	1.050
	Região Centro-Oeste	
Ilha Solteira	Rio Paraná	3.230
Itumbiara	Rio Paranaíba	2.080
Jupiá	Rio Paraná	1.411,2

Fonte: CEMIG

1 - Alegrete
2 - P. Médici A/B
3 - Charqueadas
4 - Itaúba
5 - Jacuí
6 - Passo Real
7 - Passo Fundo
8 - J. Lacerda A/B/C
9 - C. B. Munhoz
10 - Segredo
11 - Salto Santiago
12 - Salto Osório
13 - Itaipu Binacional
14 - G. P. Souza
15 - A. A. Laydner
16 - Chavantes
17 - L. N. Garcez
18 - Capivara
19 - Taquaruçu
20 - Rosana
21 - Jupiá
22 - Três Irmãos
23 - N. Avanhandava
24 - Promissão
25 - Ibitinga
26 - A. S. Lima
27 - Barra Bonita
28 - Carioba
29 - Henry Borden
30 - Piratininga
31 - Paraibuna
32 - Funil
33 - Angral
34 - Santa Cruz
35 - Nilo Peçanha
36 - I. Pombos
37 - P. Passos/Fontes ABC
38 - R. Silveira
39 - Mascarenhas
40 - Salto Grande
41 - Igarapé
42 - Camargos
43 - Itutinga
44 - Furnas
45 - Caconde
46 - M. de Moraes
47 - Estreito
48 - Jaguara
49 - Volta Grande
50 - Porto Colômbia
51 - Marimbondo
52 - Água Vermelha
53 - Ilha Solteira
54 - São Simão
55 - C. Dourada
56 - Itumbiara
57 - Nova Ponte
58 - Emborcação
59 - Três Marias
60 - Camaçari
61 - Xingó
62 - P. Afonso 1234
63 - Moxotó
64 - Itaparica
65 - Sobradinho
66 - Boa Esperança
67 - Tucuruí
68 - Coaracy Nunes
69 - Samuel
70 - Balbina
71 - Curuá-Una
72 - Corumbá
73 - S. da Mesa

A energia eólica

Durante muitos anos, os agricultores serviram-se da energia eólica para bombear água dos poços usando moinhos de vento. O vento também é usado para girar a mó dos moinhos, transformando o milho em farinha. Os barcos a vela também utilizam a energia dos ventos. Atualmente, o vento é também usado para produzir eletricidade. A energia eólica é produzida a partir da força dos ventos. Pode ser conseguida quando há ventos constantes com uma velocidade média de 10 m/s e velocidade mínima de 6 m/s.

O vento forte pode rodar as pás de uma turbina adaptada para o vento. Há um sistema de freios para controlar e manter constante a velocidade do rotor. A turbina está ligada a um eixo central rotativo. Este eixo chega até uma caixa de transmissão onde a velocidade de rotação é aumentada. O gerador ligado ao transmissor produz energia elétrica.

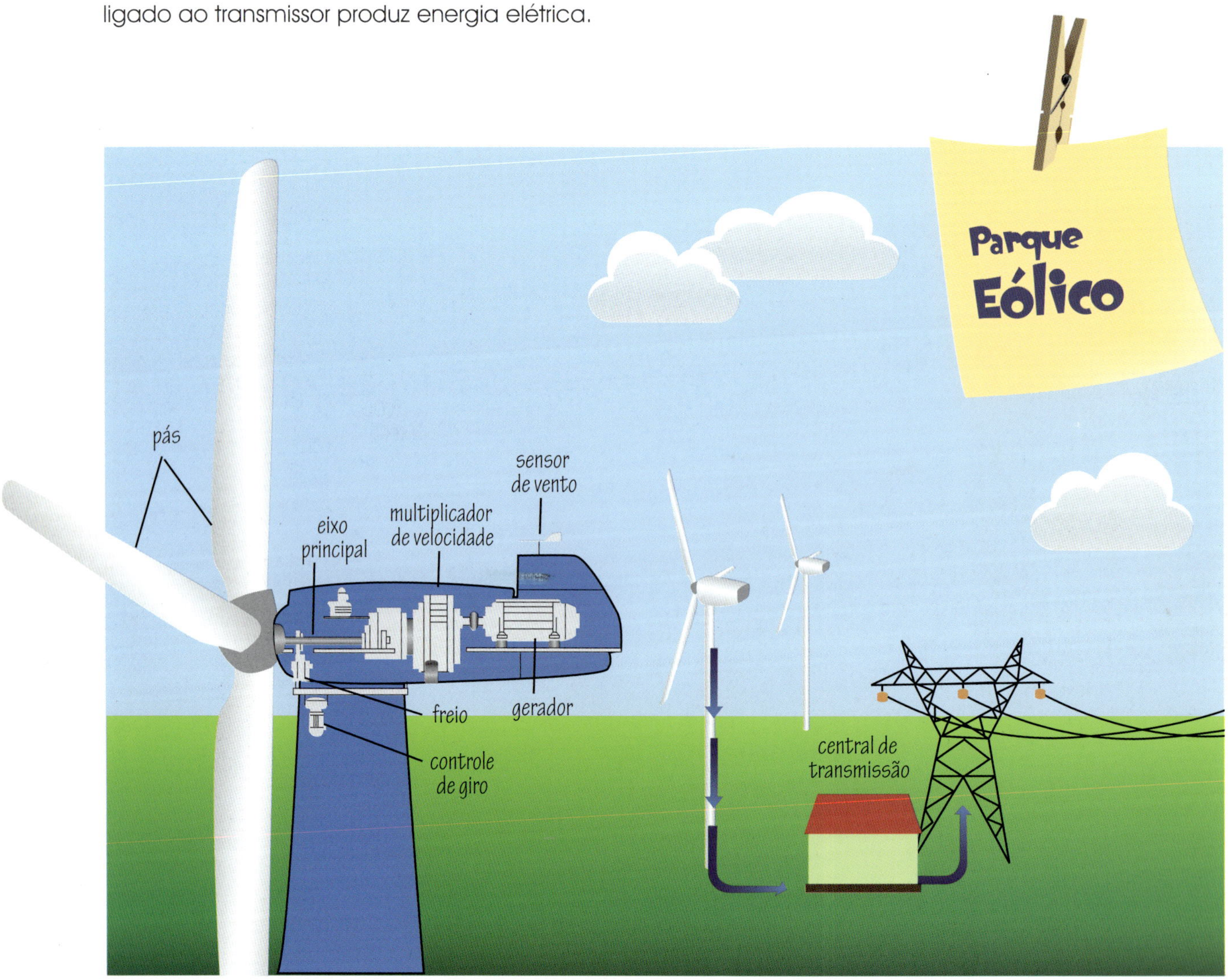

Um dos problemas deste sistema de produção elétrica é que o vento não sopra com a mesma intensidade nem na mesma direção o ano todo, ele é mais intenso no verão quando o ar se movimenta do interior quente para o litoral mais fresco. Outra limitação é o fato de o vento ter que atingir uma velocidade superior a 6 m/s para girar a turbina suficientemente rápido.

Embora seja uma forma de produção de energia limpa, há desvantagens na produção de energia a partir dos ventos:

- Pode haver interferências eletromagnéticas nos sistemas de comunicação e transmissão dedados (rádio, telefonia, televisão).
- A criação de centrais de energia eólica modifica a paisagem, devido à presença dos aerogeradores.
- O impacto ambiental dessa forma de energia diz respeito também ao perigo de bandos de pássaros passarem pelas torres na rota migratória e serem atingidos pelas pás giratórias.
- O ruído é outro problema e não é recomendável construir moradias num raio de 200 metros em torno das turbinas geradoras.

Quando utilizamos energia eólica estamos evitando a emissão de CO_2 na atmosfera, pois deixamos de usar o petróleo e o gás natural, que são formas de energia poluentes.

O parque eólico brasileiro está se ampliando rapidamente. Hoje, o maior parque eólico do Brasil fica no Ceará e produz 15 mil kw de potência. Os Estados do Piauí, do Rio Grande do Norte, da Paraíba, de Santa Catarina e do Rio Grande do Sul também exploram a potência dos ventos para produzir energia elétrica. Os países que mais investem em energia eólica são: Estados Unidos, Alemanha, Dinamarca, Rússia e Índia.

Energia termoelétrica

Nas usinas termoelétricas, os geradores são acionados por energia térmica, produzida por vapor-d'água aquecido pela queima de um combustível qualquer ou, simplesmente, pelos gases de combustão de combustíveis fósseis. A palavra vem do grego "therme" e significa calor. A energia utilizada no mundo é 60% térmica. Essas usinas podem funcionar a óleo, a gás, a madeira, a bagaço de cana ou a carvão. A queima do combustível evapora a água da caldeira, gerando vapor, cuja função é movimentar as pás de uma turbina, que se movem com o eixo de um gerador que produz a energia elétrica. Estas são as chamadas Usinas Temoelétricas a Vapor. No outro tipo, chamado Turbina a Gás, os gases da combustão atuam diretamente sobre a turbina, que move o gerador de eletricidade.

A eletricidade provém da energia liberada pela queima, ou seja, pela combustão do combustível que aquece uma caldeira com água ou atua diretamente sobre a turbina. Após a combustão, gases são liberados para a atmosfera causando grandes impactos ambientais. A potência mecânica obtida pela passagem do vapor-d'água, ou do gás de combustão, através da turbina, fazendo com que esta gire, e no gerador, que também gira acoplado mecanicamente à turbina, é que transforma a potência mecânica em potência elétrica.

A energia é transportada por linhas de alta tensão aos centros de consumo. O vapor é resfriado em um condensador e convertido outra vez em água, que volta aos tubos da caldeira, dando início a um novo ciclo.

A água em circulação que esfria o condensador expulsa o calor extraído da atmosfera pelas torres de refrigeração, que são grandes estruturas capazes de identificar essas centrais. A energia assim gerada é levada através de cabos ou barras condutoras, dos terminais do gerador até os transformadores, e daí aos centros de consumo.

A principal vantagem da usina termoelétrica é que ela pode ser construída onde é mais necessária, economizando assim o custo das linhas de transmissão.

Entretanto, o alto preço do combustível é um fator desfavorável. Dependendo do combustível, os impactos ambientais são muito significativos, pois contribuem para o aquecimento global através do efeito estufa e de chuvas ácidas, provocam a poluição do ar e o aquecimento das águas, devido à emissão de gases pela queima de combustíveis fósseis. Há também o impacto da construção de estradas para levar o combustível até a usina.

Outra desvantagem é que as termoelétricas precisam de uma grande quantidade de água para resfriarem suas turbinas.

Para minimizar os efeitos prejudiciais da combustão sobre o ambiente no entorno da usina, a central dispõe de uma chaminé de grande altura (algumas chegam a 300 m) e de alguns precipitadores que retêm as cinzas e outros resíduos da combustão. As cinzas são reaproveitadas.

Usinas termoelétricas e gasodutos

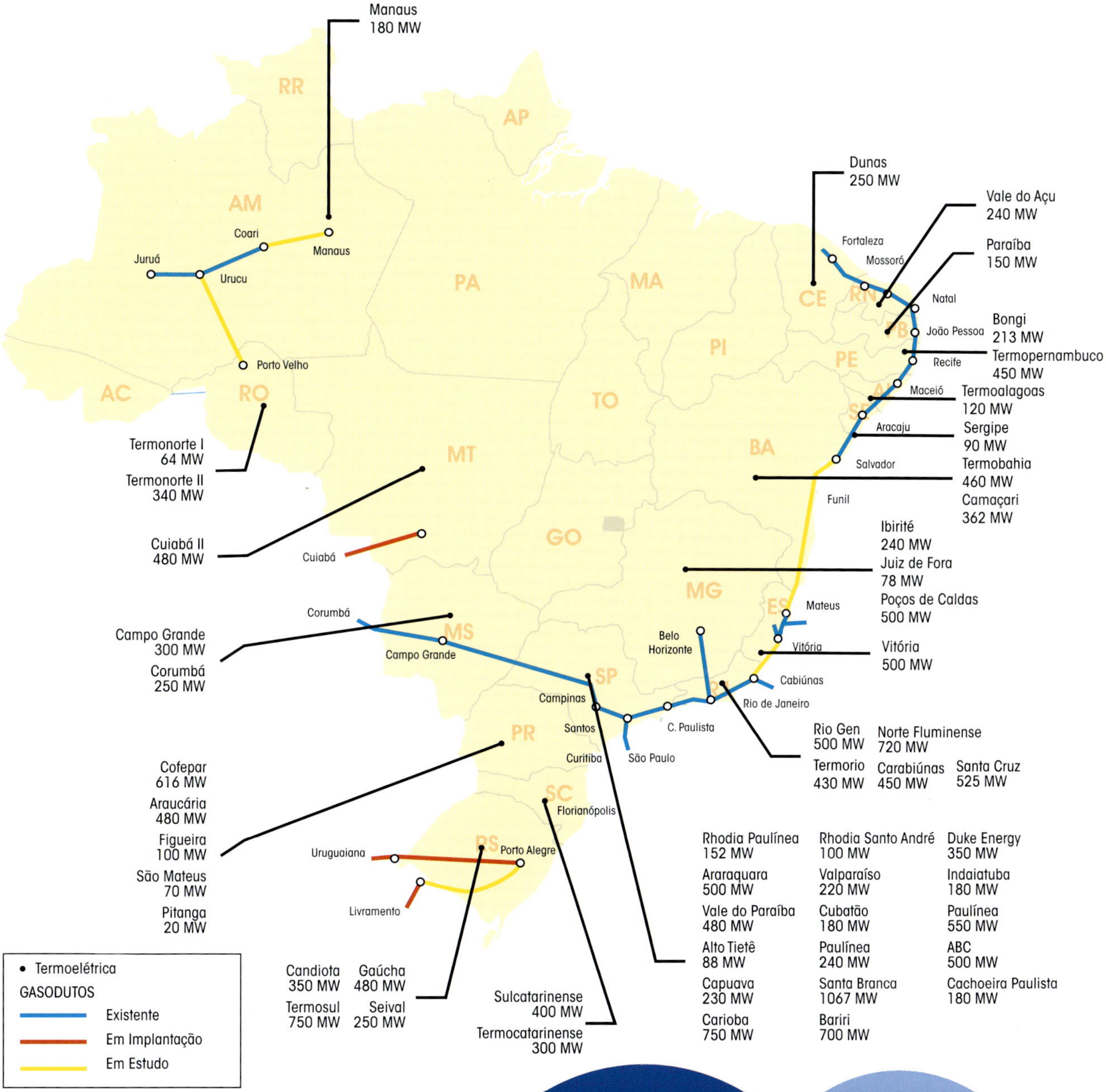

ENERGIA DA BIOMASSA

A energia da biomassa é a que se obtém pela transformação de produtos de origem animal e vegetal para a produção de energia calorífica e elétrica. Na transformação de resíduos orgânicos, é possível também obter biocombustíveis, como o biogás, o bioálcool e o biodiesel. A biomassa pode considerar-se um recurso natural renovável, enquanto os combustíveis fósseis não se renovam a curto prazo.

A biomassa é utilizada na produção de energia a partir de processos como a combustão de material orgânico. Suas vantagens são: baixo custo, ser renovável, permitir o reaproveitamento de resíduos e ser menos poluente que outras formas de energias, como aquela obtida a partir de combustíveis fósseis. Assim, acumula-se menos lixo e menos terra é necessária para servir de depósito.

A biomassa é o material que normalmente imaginamos como lixo. São restos e sobras de toda a espécie: árvores mortas, ramos de árvores, restos de relva cortada, cascas de árvores, pó de serra e serragem que sobram nas carpintarias, bagaço de cana, sobras de colheitas, cascalho e pedras miúdas, capim-elefante, casca de arroz, produtos de papel e outros objetos que jogamos fora.

A forma mais eficiente e limpa de gerar energia elétrica com bagaço é através de tecnologias modernas. O processo gaseifica o bagaço e o gás produzido alimenta a câmara de combustão de uma turbina a gás. Esta tecnologia possibilita o aproveitamento integral da cana-de-açúcar.

A utilização de biomassa para a produção de energia, tanto elétrica como em forma de vapor, em caldeiras ou fornos, já é uma realidade no Brasil.

O sistema funciona assim:

1. A biomassa é queimada dentro da fornalha da caldeira e gera calor;
2. O calor gerado entra em contato com a água no interior da estação, que se transforma em vapor;
3. O vapor resultante deste processo, em alta pressão e alta temperatura, consegue girar as pás da turbina;
4. A rotação da turbina aciona o gerador, que produz energia elétrica;
5. A energia produzida é transmitida para os consumidores.

O uso da biomassa para a geração de energia apresenta algumas vantagens e desvantagens, quando relacionadas com combustíveis à base de petróleo.

Vantagens:

- Baixo custo de aquisição da matéria-prima;
- Não emite dióxido de enxofre;
- As cinzas são menos agressivas ao meio ambiente que as provenientes de combustíveis fósseis;
- Menor corrosão dos equipamentos (caldeiras, fornos);
- Menor risco ambiental;
- Recurso renovável;
- Emissões não contribuem para o efeito estufa.

Desvantagens:

- Menor poder calorífico;
- Maior possibilidade de geração de material particulado para a atmosfera. Isto significa maior custo de investimento para a caldeira e os equipamentos para remoção de material particulado;
- Dificuldades no estoque e armazenamento.

Observa-se uma maior vantagem na utilização do bagaço da cana-de-açúcar diante de outros tipos de biomassas. Há estimativas de que apenas as usinas do interior de São Paulo poderiam gerar eletricidade suficiente para suprir a demanda dos estados do Rio de Janeiro, Paraná e Santa Catarina. O Brasil possui topografia e relevo favoráveis à produção agrícola, sendo que o país se mantém na liderança da produção de etanol desde o início dos anos 1990. E isso se deve principalmente ao conhecimento acumulado em relação à tecnologia no trato da cana-de-açúcar no que se refere ao melhoramento genético da planta, ao controle de pragas, às técnicas agrícolas e de colheita, aos impactos da cultura no meio ambiente e às tecnologias de fabricação do etanol.

O período de colheita dessa cultura coincide com o de estiagem das principais bacias hidrográficas do parque hidrelétrico brasileiro, tornando a opção ainda mais vantajosa.

Assim, a utilização do bagaço da cana-de-açúcar para a cogeração se apresenta com maior vantagem sobre as demais fontes alternativas de energia, podendo-se citar, a redução na importação de combustíveis fósseis; geração de empregos diretos e indiretos, diminuindo também o êxodo rural; a redução dos impactos ambientais; o menor tempo de implantação e também o aproveitamento sustentável de restos, como a palha, o bagaço e o vinhoto. Além de seu caráter renovável, é possível aproveitar a estrutura de transmissão e tensão já existente para a energia hidrelétrica.

Alguns exemplos de produtos derivados da biomassa são:

- Bio-óleo: líquido negro, cujas destinações principais são aquecimento e geração de energia elétrica.

- Etanol celulósico: etanol obtido alternativamente por dois processos. Em um deles, a biomassa, formada basicamente por moléculas de celulose, é submetida a várias enzimas. O outro processo é composto pela execução sucessiva das três seguintes fases: gaseificação, fermentação e destilação.

- Óleo vegetal: pode ser usado em motores diesel.

- Biogás.

- Bioetanol "comum": feito no Brasil, à base do sumo extraído da cana-de-açúcar (caldo de cana). Há países que empregam milho (caso dos Estados Unidos) e beterraba (França) para a sua produção. O sistema à base de cana-de-açúcar empregado no Brasil é mais viável do que o americano e o francês.

- O biodiesel é feito do dendê, do girassol, da palma, da mamona, da macaúba e da soja. Além de ser menos poluente, reduz as emissões dos derivados de petróleo, possui elevada capacidade de lubrificação de máquinas e motores, é biodegradável, não é tóxico e não é explosivo nem inflamável.

A substituição dos combustíveis fósseis derivados do petróleo por biodiesel e etanol é um processo em andamento que vai diminuir a poluição da atmosfera.

ENERGIA DO BIOGÁS

O biogás é o gás metano obtido por meio da decomposição de materiais, como resíduos, lixo orgânico, alimentos, esgoto e esterco, em digestores de biomassa.

Em muitos aterros sanitários no mundo, além da simples queima do lixo, estão sendo implantadas unidades de geração de energia elétrica a partir do biogás. Para cada tonelada de resíduo disposto em um aterro sanitário, são gerados em média 200 Nm^3 (Normal metro cúbico) de biogás. Para que seja possível a recuperação energética do biogás, um aterro sanitário deverá contar com os seguintes sistemas:

1. Sistema de impermeabilização que evita a fuga do biogás para a atmosfera. A cobertura superior dos aterros sanitários geralmente é de argila compactada;

2. Poços de drenagem de biogás escavados na massa de resíduos, que podem ser verticais ou horizontais.

3. Rede de coleta e bombas de vácuo que levam o biogás dos poços para a unidade de geração de energia elétrica. A rede coletora de biogás normalmente é constituída por tubos de polietileno e deve ser aterrada para evitar acidentes.

4. Grupos geradores que utilizam normalmente motores de combustão interna. Também é possível a geração de energia elétrica através da utilização de turbinas.

Um dos aspectos negativos do metano é que ele participa da formação do efeito estufa, colaborando, desta forma, para o aquecimento global.

Se inalado, o metano pode causar asfixia, parada cardíaca, inconsciência e até mesmo danos ao sistema nervoso central.

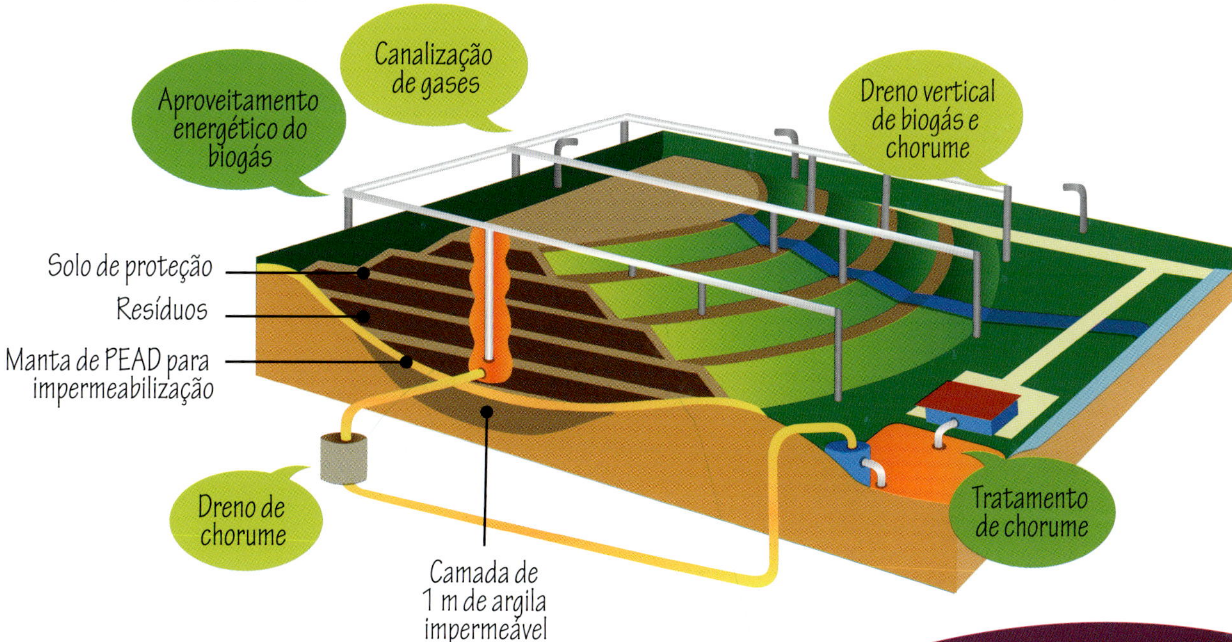

ENERGIA NÃO RENOVÁVEL

Energia nuclear

Usinas nucleares são termoelétricas que produzem energia a partir da fissão de átomos de plutônio, tório e urânio. As usinas do Brasil, Angra 1 e Angra 2 (encontra-se em construção a Angra 3), respondem a uma pequena proporção do total de energia elétrica consumida no País.

A fissão nuclear consiste em separar o núcleo de um átomo. A separação do núcleo gera energia luminosa e calorífica. Numa central nuclear, controla-se a reação nuclear para produzir calor e aquecer a água. A água fervida dentro dos tubos transforma-se em vapor que faz girar a turbina para produzir eletricidade, da mesma forma que a termoelétrica a vapor.

Fissão nuclear

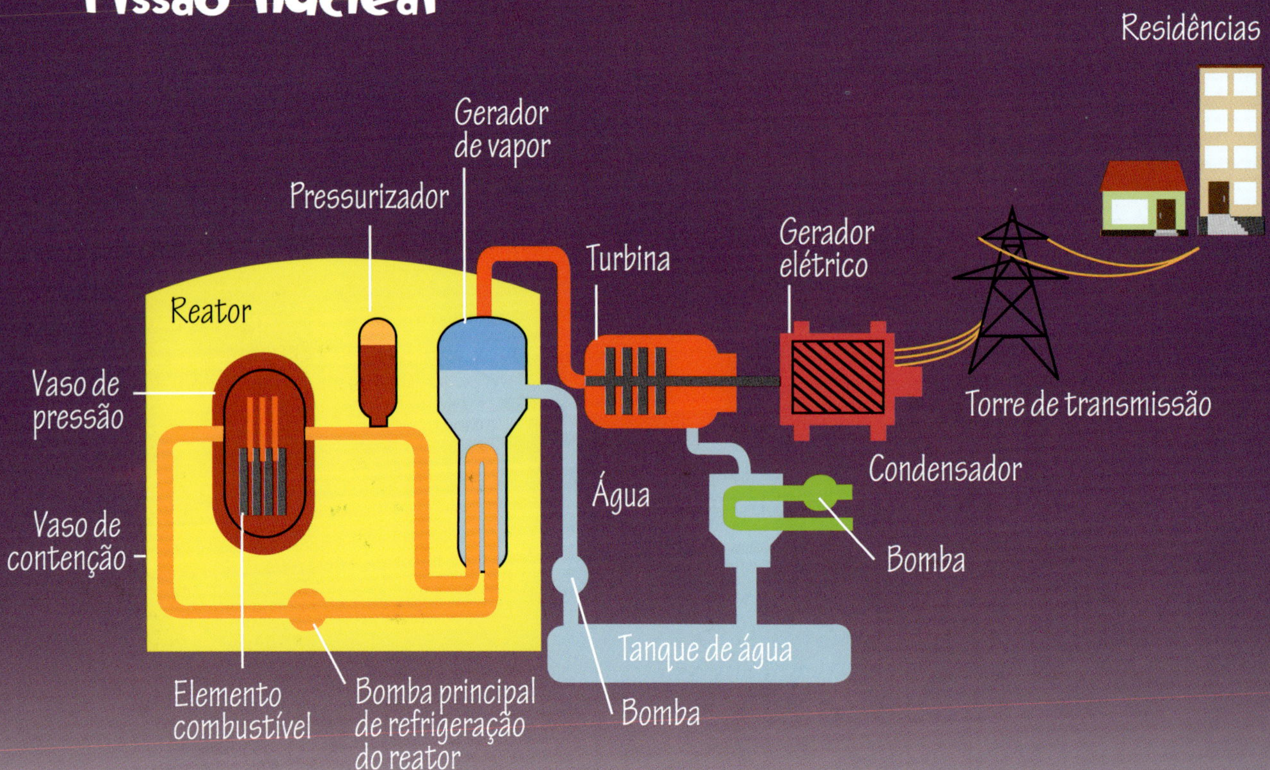

VANTAGENS

- evita a emissão de gases poluentes por outras formas de energia;
- há reservas de urânio em quantidade;
- a usina pode ser instalada perto da região onde a energia vai ser utilizada.

DESVANTAGENS

- risco de contaminação do solo, do ar e da água por materiais radioativos;
- aquecimento da água das reservas pela descarga de água quente proveniente do sistema de refrigeração;
- risco de acidente, como aconteceu em Chernobyl, na Ucrânia, em 1986, quando a explosão de um dos reatores criou uma nuvem radioativa gigantesca, que provocou danos incalculáveis ao solo e à água, e até hoje produz mutações genéticas;
- produz resíduos de alta radioatividade, de grande risco para a saúde, que tem uma vida útil maior que a duração das matérias que o embalam, trazendo risco futuro;
- destinação e armazenamento do lixo radioativo;
- possibilidade de desvio clandestino de material nuclear para utilização em armamentos;
- trata-se de um setor em que não existe transparência nem controle da sociedade;
- Os custos de construção são muito elevados e, em todos os casos, enormemente superiores aos previstos nos projetos;
- O custo de desativação é extremamente alto e nem sempre está contabilizado nos custos da energia gerada;
- Os riscos são de tal magnitude que o argumento ético deve ser fundamental e incluído prioritariamente entre os argumentos do processo decisório de sua utilização.

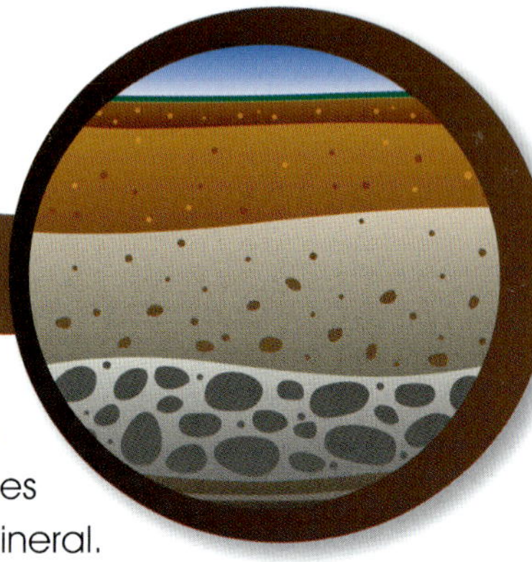

Combustíveis fósseis

Os combustíveis fósseis são resultado de um processo de decomposição milenar de plantas e de animais. As fontes de energia fósseis não são renováveis, são finitas e se esgotam. Existem três grandes tipos de combustíveis fósseis: o gás natural, o petróleo e o carvão mineral. Os três foram formados há milhões de anos, daí o nome de combustível fóssil. Quando as plantas, os dinossauros e as outras criaturas morreram, foram decompostos debaixo da terra. Foram necessários dois milhões de anos para que estas camadas de matéria orgânica se transformassem em pedra preta e dura - o carvão - ou em um líquido negro - o petróleo -, ou ainda no gás natural. A exploração do petróleo surgiu no fim do século 19 e permitiu uma grande onda de industrialização nos Estados Unidos e na Europa.

A geração de energia a partir destas fontes fósseis costuma provocar poluição, o que contribui para o aumento do efeito estufa, provocando o aquecimento global. Isto ocorre principalmente nos casos dos derivados de petróleo (diesel e gasolina) e do carvão mineral. Já no caso do gás natural, o nível de poluentes é relativamente menor.

Parte das mudanças climáticas do Planeta, entre elas o aquecimento da temperatura média, a mudança nos ciclos de chuva, as secas, o buraco na camada de ozônio que protege a Terra dos raios solares, decorre da concentração de gases na atmosfera. Uma das consequências do aquecimento global é o derretimento das grandes geleiras dos polos Norte e Sul, e, portanto, a elevação do nível do mar e a inundação de áreas costeiras e de ilhas, afetando grande número de pessoas e prejudicando a fauna e a flora. Outro efeito extremamente grave do aumento da temperatura média do Planeta é a desertificação de terras agrícolas, tornado-as inadequadas para a produção de alimentos. A secagem dos lagos e rios pelo aumento da temperatura, aliada à desertificação, fará aumentar a fome no mundo, criando uma nova categoria de pessoas que são os emigrantes ambientais, que vão lutar pelo espaço vital que ficou menor com o aumento do nível dos oceanos. Além disso, os gases poluidores provocam danos à saúde humana, como doenças respiratórias, alergias, lesões do sistema nervoso e câncer, além do aparecimento de doenças que já haviam sido controladas ou erradicadas.

GÁS NATURAL

O gás natural é constituído principalmente por metano. O metano é um composto químico simples constituído por átomos de carbono e hidrogênio. Este gás é altamente inflamável e encontra-se em camadas subterrâneas, perto do petróleo. É bombeado e transportado de forma semelhante ao transporte do petróleo.

O gás natural não tem odor e é transparente, por isso, antes de ser canalizado por tubos até aos tanques de armazenamento, mistura-se um químico que lhe confere um forte odor parecido com ovos podres para que se possa facilmente identificar um vazamento de gás.

O gás armazenado nos tanques é distribuído através de tubos até casas, fábricas e centrais termoelétricas, servindo de combustível para produzir calor e eletricidade. Em algumas cidades, o gás é encanado e distribuído para as residências. A maior parte das cozinhas brasileiras utiliza fogão a gás. Hoje há também automóveis movidos a gás.

PETRÓLEO

Os combustíveis fósseis encontram-se normalmente no subsolo. O petróleo e o gás natural são retirados através de uma bomba de pressão em poços petrolíferos.

O petróleo pode ser explorado no continente ou no fundo do mar. Ele é transportado por tubos largos ou em grandes distâncias por navios petroleiros para refinarias ou locais onde vai ser transformado em outros produtos, como plástico e fertilizantes. Mais de 6 mil produtos são derivados do petróleo.

Recentemente, a Petrobras descobriu no litoral brasileiro novas reservas de petróleo na camada pré-sal. São grandes reservatórios de petróleo e gás natural que estão entre 5.000 e 7.000 metros abaixo do nível do mar, abaixo de uma camada de sal que pode ter até 2 quilômetros de espessura. Esse potencial, calculado entre 30 bilhões e 100 bilhões de barris, levará o País a ocupar, pela primeira vez na história, um lugar entre as grandes potências petrolíferas mundiais. Daqui a 10 anos, em 2020, a produção estará a pleno vapor. Com o dinheiro das reservas do pré--sal, estimadas em US$ 10 trilhões, aplicado em educação de qualidade, cultura e desenvolvimento tecnológico, conforme prevê a proposta do novo marco regulatório do setor, o Brasil poderá ser um país diferente e melhor.

A origem da camada de petróleo do pré--sal ocorreu há mais de 100 milhões de anos no espaço criado entre a América do Sul e a África com a separação do continente Gondwana. No espaço entre os dois continentes, formou--se um grande lago, no qual foram depositadas rochas geradoras de petróleo e muita matéria orgânica carregada pelos vários rios que desembocavam ali. O aumento do volume do lago permitiu a entrada de grande quantidade de água do mar e a deposição de espessa camada de sal que cobriu a matéria orgânica. O depósito de sal, com o passar do tempo, atingiu a altura aproximada de 2 mil metros. O material orgânico e as rochas sedimentares acumuladas sob a camada de sal transformaram-se em petróleo e gás natural.

A Camada pré-sal

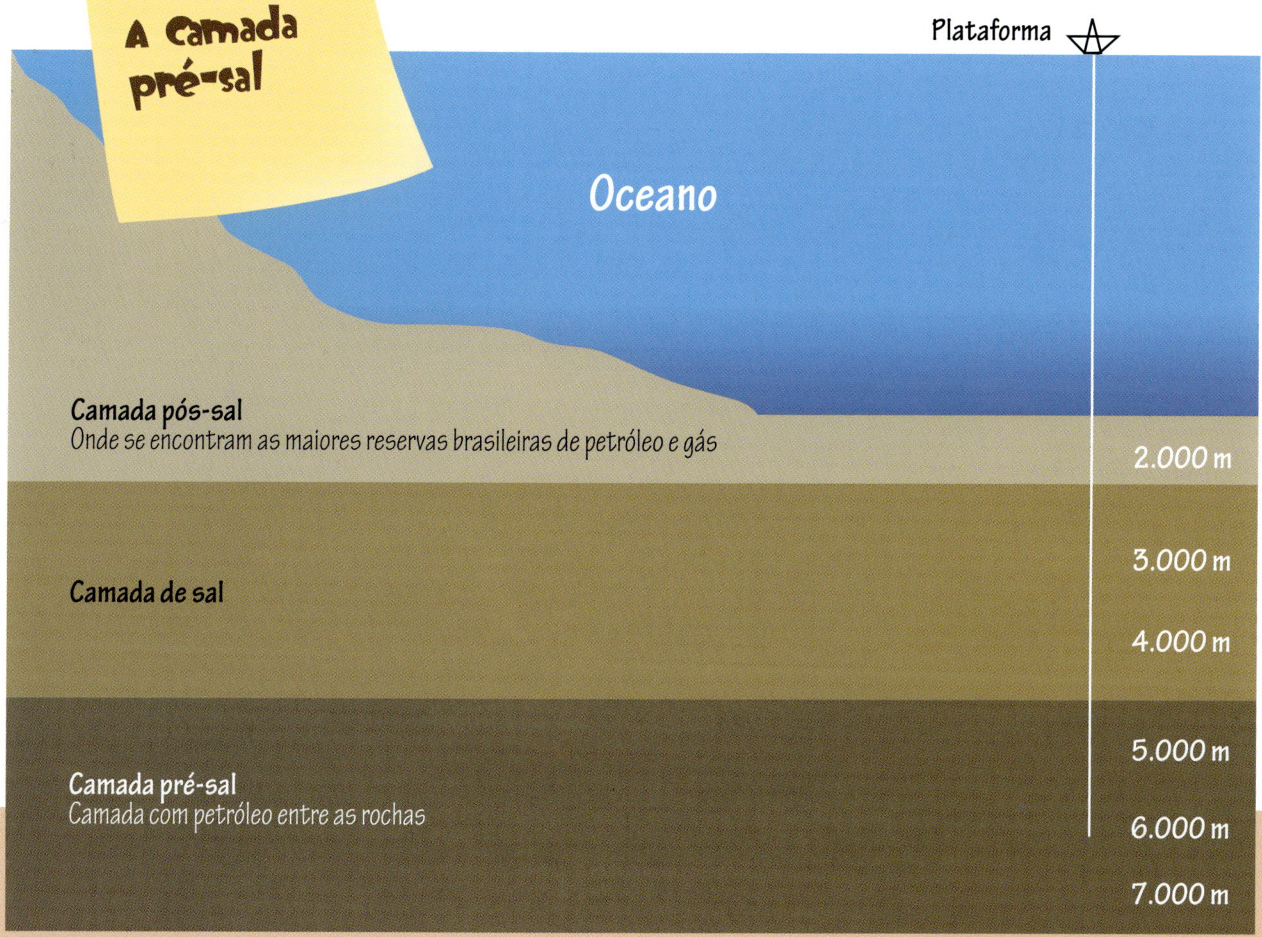

CARVÃO MINERAL

O carvão mineral é uma mistura de componentes sólidos decorrente da transformação ao longo de milhões de anos de matéria orgânica depositada no subsolo. Os depósitos de carvão podem estar próximos da superfície do solo ou em camadas muito profundas, o que determina a facilidade ou dificuldade de sua extração.

O carvão é o combustível mais utilizado nas usinas termoelétricas.

O carvão é uma importante fonte de energia porque:

- há abundância de reservas na natureza;
- as reservas estão distribuídas geograficamente;
- exige investimentos baixos para sua exploração.

Desvantagens

- sua mineração afeta os recursos hídricos, o solo e o relevo;
- o uso de máquinas na sua exploração provoca a emissão de gases poluentes;
- seu beneficiamento produz muitos rejeitos sólidos poluentes;
- os trabalhadores das minas estão sujeitos a doenças respiratórias;
- o uso do carvão em termoelétricas produz a emissão de gases poluentes, responsáveis pela chuva ácida;
- na sua composição há muito enxofre que escapa para a atmosfera durante a mineração e durante a combustão;
- sua combustão emite partículas altamente prejudiciais à saúde humana.

De onde vem a energia?

Distribuição da matriz energética brasileira

38,4%	Petróleo e derivados
29,7%	Biomassa
15%	Hidráulica e eletricidade
9,3%	Gás natural
6,4%	Carvão mineral
1,2%	Urânio

COMO ECONOMIZAR ENERGIA E PRESERVAR O PLANETA

1. TOME BANHO DE CHUVEIRO

E de preferência, rápido. Um banho de banheira consome até quatro vezes mais energia e água que um chuveiro.

2. USE MENOS ÁGUA QUENTE

Aquecer água consome muita energia.

3. VÁ DE ESCADA

Para subir até dois andares ou descer três, vá de escada. Além de fazer exercício, você economiza a energia elétrica dos elevadores.

4. ANDE MENOS DE CARRO

Use menos o carro e mais a bicicleta e o transporte coletivo.

5. USE UMA GARRAFA TÉRMICA COM ÁGUA GELADA

Use garrafas térmicas de 2 ou 5 litros. Encha-as de água e coloque cubos de gelo. Você terá água gelada o dia inteiro sem abrir a geladeira.

6. APRENDA A COZINHAR EM PANELA DE PRESSÃO

Você cozinha mais rápido e economiza 70% de gás. Tampe suas panelas enquanto cozinha. Você aproveita o calor que simplesmente se perderia no ar. Cozinhe com fogo mínimo. Antes de cozinhar, retire da geladeira todos os ingredientes de uma só vez. Evite o abre-e-fecha da geladeira.

7. COMA MENOS CARNE VERMELHA

A criação de bovinos é um dos maiores responsáveis pelo efeito estufa. Além disso, a produção de carne vermelha demanda uma quantidade enorme de água. Para você ter uma ideia: para produzir 1 kg de carne vermelha, são necessários 200 litros de água potável.

8. DESLIGUE O COMPUTADOR

Desligue o computador sempre que for ficar mais de 2 horas sem utilizá-lo e o monitor por até 15 minutos.

9. COMPRE UM VENTILADOR DE TETO

Gasta 90% menos energia que o ar-condicionado.

10. USE SOMENTE PILHAS E BATERIAS RECARREGÁVEIS

Duram anos e podem ser recarregadas em média 1000 vezes.

11. TROQUE SUAS LÂMPADAS INCANDESCENTES POR FLUORESCENTES

Lâmpadas fluorescentes gastam 60% menos energia que as incandescente.

12. NÃO DEIXE SEUS APARELHOS EM STAND-BY

Tire o eletrodoméstico da tomada quando não estiver usando. A função stand-by de um aparelho usa cerca de 15% a 40% da energia consumida quando ele está em uso.

13. USE O FERRO ELÉTRICO PARA PASSAR MUITA ROUPA

Nunca ligue o ferro para passar uma só peça.

14. ESCOLHA ELETRODOMÉSTICOS DE BAIXO CONSUMO ENERGÉTICO

Procure por aparelhos com o selo do Procel.

15. MUDE SUA GELADEIRA OU *FREEZER* DE LUGAR

Mantenha-os afastados do fogão e pelos menos 15 cm das paredes, para evitar o superaquecimento.

16. USE A MÁQUINA DE LAVAR ROUPAS/ LOUÇA SÓ QUANDO ESTIVER CHEIA

Selecione os modos de menor consumo de água. Se você usa lava-louças, não é necessário usar água quente para pratos e talheres pouco sujos. Só o detergente já resolve.

17. REDUZA O USO DE EMBALAGENS

Embalagem é sinônimo de desperdício de água, combustível e recursos naturais.

18. USE PAPEL RECICLADO

Produzir papel reciclado consome de 70% a 90% menos energia do que o papel comum, e poupa nossas florestas.

19. COMPRE ALIMENTOS PRODUZIDOS NA SUA REGIÃO

Fazendo isso, além de economizar combustível, você incentiva o crescimento da comunidade, do bairro ou da cidade.

20. COMPRE ALIMENTOS FRESCOS AO INVÉS DE CONGELADOS

Comida congelada, além de mais cara, consome até dez vezes mais energia para ser produzida.

21. NÃO DEIXE O BAGAGEIRO VAZIO EM CIMA DO CARRO

Causa aumento no consumo de combustível.

22. MANTENHA SEU CARRO REGULADO

Carros regulados poluem menos e gastam menos combustível.

23. NO HOTEL, ECONOMIZE TOALHAS E LENÇÓIS

Em hotéis, o hóspede tem a opção de não ter as toalhas trocadas diariamente para economizar água e energia.

Errata

Caro leitor,

Por favor, substitua o mapa da página 11 pelo seguinte mapa:

Boa leitura,
Equipe da Callis Editora